(Par Ad. Rion.)

Qu'est-ce que

LA RÉPUBLIQUE, LA MONARCHIE,

LES LOIS,

l'Égalité, la Liberté, la Fraternité ?

CATÉCHISME RÉPUBLICAIN

PAR LE

Père André
Ad. R.

SUIVI

DES CONSEILS POUR FAIRE FORTUNE

ET DE

LA SCIENCE DU BONHOMME RICHARD

PAR FRANKLIN.

10 centimes. — 4ᵉ édition. — 91ᵉ mille.

A PARIS

ET DANS TOUTES LES VILLES DE FRANCE
CHEZ TOUS LES LIBRAIRES.

1833-1848

Le PÈRE ANDRÉ a publié ce *Catéchisme* en 1833 : un grand nombre d'exemplaires en fut alors distribué dans les rues de Paris ou envoyé aux soc étés republicaines des departements, mais la distribution en fut aussitot violemment, arbitrairement interrompue : les presses sur lesquelles on l'imprimait furent saisies, le PERE ANDRF jete dans un cabanon de la Conciergerie, mis au secret... puis envoyé à Sainte-Pelagie... le tout sous *pretexte* de complot.

Mais n'est-ce pas comploter contre la royauté que d'expliquer « *Pour-* « *quoi on prefcre la Republique à la Monarchie* ? »

No is croyons devoir reproduire ce *Catéchisme.*

Le PERE ANDRÉ, qui vient de l'augmenter, n'a dû y faire que peu de changements, ceux-ci :

En 1833, lorsqu'il predisait l'avènement de la République, il disait : « *Il faudra, lorsqu'enfin nous aurons la République, faire telle et telle* « *chose,* » — aujourd'hui il dit · « *A l'œuvre* ! »

CATÉCHISME RÉPUBLICAIN

DU PÈRE ANDRÉ.

Dans une société où il y a des PRIVILÉ-
GIES, — *n'y en eût-il qu'un seul,* —
l'ÉGALITÉ et la LIBERTÉ n'existent pas.

Qu'est-ce que l'Homme?

Un être doué des facultés de penser et d'exprimer sa
pensée; — un être à qui la nature a enseigné non-seulement que la conservation de l'existence est le premier besoin, mais aussi qu'il est utile de résister à l'oppression,
car on souffre de l'oppression : il est naturel de vouloir ne
point souffrir.

Quels sont les droits naturels de l'Homme?

Les droits *naturels* de l'homme sont le libre exercice des
facultés qu'il a reçues de la nature : — *exprimer sa pensée*
est un droit, comme * *voir, penser, agir* [1], et ce n'est que par
la fraude ou la violence que quelques hommes ont pu en-

* Pour les *notes,* voir pages 28 et suivantes.

lever ce droit à tous les autres hommes. — Mais l'exercice de nos facultés, *réglé* par les lois, doit être soumis aux lois.

Qu'est-ce que la Loi ?

Les lois [2] (les *règlements de la Société*) ne doivent être que les conditions faites et acceptées par les hommes pour vivre en société : — les lois doivent donc être consenties par la Société : il n'appartient qu'à ceux qui s'associent de *régler* les conditions de leur association. — Lorsque l'on établit le *pacte social*, l'opposition de la minorité ne rend pas nul le contrat : la volonté de la majorité *institue l'État*; le consentement de la minorité est alors dans la *résidence*. — Un peuple est toujours le maître de changer ses lois : il appartient toujours aux associés de changer les conditions de leur association.

Le premier droit d'un peuple c'est de *s'appartenir* [22], de se gouverner lui-même, de se donner librement les lois dont il a besoin pour vivre en société.

Quels sont les principaux droits que la Société [8] doit garantir ?

L'Égalité, la Liberté, la Sûreté, la Propriété, l'Instruction, l'Assistance ; — elle doit aussi (le mieux possible) *protéger, honorer* le Travail [9].

Avons-nous l'Égalité [4] ?

Non.

Avons-nous la Liberté [5] ?

Non.

Avons-nous la Sûreté [6] **de nos personnes ?**

Non.

La Propriété [7] **est-elle garantie ?**

Non.

Le droit à l'Assistance [8] **et la protection au Travail** [9] **sont-ils assurés ?**

Non

L'Éducation [10] **est-elle DONNÉE à tous les citoyens ?**

Non :
Et voici pourquoi tous ces droits nous sont encore enlevés :

Les lois monarchiques *que nous subissons encore* ont été faites par des privilégiés dans l'intérêt des privilégiés et de la monarchie, — intérêts qui sont contraires à l'Égalité, la Liberté, la Sûreté des citoyens, la Propriété, l'Éducation :

EXEMPLES :

La *Monarchie*, qui est un *privilége*, a créé des *priviléges* : — donc pas d'*Egalité* [4] ;

Les lois ayant été faites par les privilégiés, l'immense majorité des citoyens n'a pas été *libre* de les accepter ou de les repousser : — donc pas de *Liberté* [5] ;

Qu'un citoyen refuse de subir ces lois *imposées* et non *discutées* — (non discutées, puisqu'on a enlevé à ce citoyen son droit de nommer ses mandataires pour les discuter), — on emprisonne ce citoyen : — donc pas de *Sûreté* [6] *de sa personne* ;

Ces lois *attaquent* aussi la *Propriété*, et cela sous forme d'*impôts* [20] : des impôts votés *contre* ceux qui les payent, en *faveur* de ceux qui les votent et qui les gaspillent : — donc pas de *garantie de la Propriété* [7] ;

Pour qu'un pareil système gouvernemental pût exister, il fallait tenir la Nation plongée dans l'*ignorance* [27] : la Monarchie avait besoin d'empêcher — et elle empêchait — qu'on se réunît pour s'instruire sur ses *devoirs* et sur ses *droits* : — donc pas d'*Éducation* DONNÉE [11] ;

Quant au *droit à l'Assistance* [8], quant à la *protection* [9] au *Travail*, la Monarchie n'y avait seulement pas songé : ce droit, cette protection, seront un des bienfaits de la République.

Les Républicains doivent vouloir que leurs Représentants révisent le plus tôt possible les lois que la Monarchie a imposées : faites pour la *conservation* de la Monarchie, ces lois sont contraires à l'*existence* de la République :

La Monarchie ne peut exister que par les *priviléges* et l'*ignorance* ;

La République ne pourra exister que par l'*égalité* et l'*instruction.*

Qu'est-ce que les Préjugés [21] ?

L'ignorance est la source des préjugés, et les préjugés entretiennent l'ignorance. Il y a des préjugés cruels, d'autres ridicules : tous sont méprisables [32]. — C'est un cruel préjugé que celui qui fait croire que tous les hommes ne sont pas fières, et, pour satisfaire aux caprices, à l'ambition de ceux qui se sont proclamés leurs maîtres, qu'ils doivent s'entr'égorger parce qu'ils sont nés dans des pays *différents* (comme s'il y a des pays *différents !* comme si la *Terre entière* n'est pas la patrie de l'homme!).

En France (pays des lumières, dit-on), il n'y a pas un siècle on osait à peine exprimer que l'enfant d'un chiffonnier

naissait doué d'une nature égale à celle de l'enfant d'un
seigneur. — Ils naissent également partagés par la nature :
mais les préjugés [30] et l'éducation des cours, qui corrom-
pent même la nature, ont bientôt fait de celle du petit seigneur une nature inférieure à celle du petit chiffonnier.

Qu'est-ce qu'un Conquérant [12] ?

Celui qui s'occupe plutôt à agrandir un *pays* qu'à le
rendre heureux : il porte la désolation, la misère chez les
autres nations, et sacrifie à son amour-propre, à ses caprices, des milliers d'hommes. — Si l'on considère les con-
quêtes comme devant procurer plus de bien-être à une nation, il ne peut être procuré qu'en le volant à d'autres nations.
— Un voleur ne demande que la bourse *ou* la vie; un conquérant demande la bourse *et* la vie : les lauriers sont des-
tinés aux grands conquérants, — l'échafaud aux petits voleurs.
La *Fraternité* ordonne que l'on *assiste* son prochain ;
elle défend qu'on le spolie : un homme ne devant rien dérober à son prochain, une nation ne doit rien dérober à
une autre nation. — Chacun devant assistance à tous les
opprimés, une nation doit assistance à toutes les nations
opprimées. — Ce devoir est sacré. — L'homme qui ne va
pas au secours d'un autre homme qu'on dépouille, qu'on as-
sassine, n'est-il pas un lâche? — La nation qui laisse dépouil-
ler, assassiner une autre nation, ne *pratique* point la fraternité : — esclave de sa lâcheté, elle est indigne de la liberté.

Qu'est-ce que la Liberté naturelle et la Liberté sociale?

La Liberté *naturelle* est le libre exercice de nos facultés ; mais, pour vivre en société, l'exercice de nos facultés
ou droits naturels doit être réglé par la Société : ces droits
ainsi réglés constituent nos libertés. — La *Liberté sociale*

est donc le libre exercice de nos droits naturels réglés par la Société. — Le cri de *Vive la Liberté* [13] ! suppose la présence ou le souvenir récent du despotisme.

Que doit être la Société [14] ?

Une réunion d'individus qui établissent entre eux une égalité qui fait qu'ils s'engagent tous, sous les mêmes conditions, *à remplir les mêmes devoirs afin de jouir des mêmes droits.* — L'homme perd par l'*état de société* sa liberté naturelle et un droit illimité à tout ce qui le tente et qu'il peut atteindre ; mais il gagne la *sûreté de sa personne et de ce qu'il possède légitimement.* — La liberté naturelle n'est *assurée* que par les forces de l'individu ; la liberté dans l'état de société est *assurée* par *tous* en faveur de *chacun* : — aussi, dans l'état de société [28], le plus fort ne doit pas pouvoir impunément opprimer le plus faible : *tous* doivent protection *à chacun.*

Comment n'est-on plus digne d'être membre de la Société ?

Le but de la Société étant le maintien des droits de *tous* par *chacun,* — et de *chacun* par *tous,* — celui qui attente à ces droits, ou qui se met à la place de *tous* pour imposer des lois, commet le plus grand des crimes : — un assassin n'attente qu'à l'existence d'un ou de plusieurs hommes ; un despote attente à l'existence de la Société entière. — Le despote brise lui-même la garantie que la Société lui accordait : il faut qu'elle se laisse enchaîner... ou qu'il périsse [15].

Qu'entendait-on par BOURGEOIS et HOMME DU PEUPLE ?

Sous la Monarchie, — qui est un privilége, et qui créait

des priviléges, — il y avait des *princes*, des *grands seigneurs*, des *bourgeois*, des *hommes du peuple* [16] :

Les bourgeois exploitaient les gens du peuple (nom que l'on jetait aux travailleurs!);

Les grands seigneurs exploitaient les bourgeois et ces prétendus hommes du peuple;

Les princes et les rois exploitaient tout le monde :

Enfin ce n'était pas l'*association organisée*, c'était l'*exploitation*, — ou, pour dire plus vrai, c'était le *brigandage organisé* [30]...

Mais avec la République il n'y a que des *citoyens* dont *l'égalité des devoirs et des droits* [*] est telle, que le plus capable, le plus méritant doit seulement arriver a la position digne de sa capacité, de son mérite.

Cela n'arrange pas les *incapables*, qui s'étaient emparés de presque toutes les fonctions de l'État...

Ils trouvent que la République (*l'égalité des devoirs et des droits*) est une mauvaise chose...

Ah! sans doute! la République est une bien détestable chose pour les courtisans, les intrigants, les incapables et les *usurpateurs de fonctions!*

Qu'entend-on par « Pouvoir exécutif? »

Lorsque les Représentants de la Nation décident qu'une chose doit être exécutée, ils en confient l'exécution à un pouvoir qu'on nomme *exécutif*, pouvoir tout puissant pour *exécuter* ce qu'ont résolu ces Représentants : c'est-à-dire pour appliquer la volonté générale, *qui est la loi.*

La Société salarie ce *fonctionnaire*, qu'elle a commis pour faire exécuter la loi. — C'est un beau mandat que celui que l'on tient d'une nation! — Si le citoyen que les autres citoyens ont honoré de leur confiance se conforme bien au mandat qui lui a été donné, on le garde; dans le cas contraire il est renvoyé. Cela se fait tout simplement, comme on renvoie un *employé* qui ne remplit pas son devoir ; cela se fait sans commotions, sans coups de fusils, sans que les *associés* se tuent entre eux pour renvoyer leur *commis.*—Pour que ce commis convienne à la Société, il faut qu'il ne soit que le fidèle exécuteur de sa volonté : qu'il ne se mette pas à sa place.

Que doit être une République [17] ?

Un gouvernement dans lequel

> *chacun est parfaitement libre en*
> *ce qui ne nuit pas aux autres :*

un gouvernement consenti par la majorité de la Nation, la forme de ce gouvernement étant d'appeler la Nation et non une partie de la Nation seulement à délibérer sur les lois ou les choses qui lui conviennent.

Qu'est-ce qu'une Monarchie constitutionnelle [18] ?

Un gouvernement dans lequel

> *quelques hommes sont parfaitement*
> *libres en ce qui nuit aux autres :*

ces quelques hommes, qui ne sont nommés ni consentis par la *majorité* des citoyens, se sont ordinairement emparés de la direction des affaires de toute la Société : c'est aux dépens de l'intérêt général qu'ils les font presque toujours dans leur intérêt particulier.

Qu'est-ce qu'une Monarchie absolue [19] ?

Un gouvernement dans lequel

> *un homme est parfaitement libre*
> *en ce qui nuit à tous les autres :*

cet homme s'arroge ordinairement le droit de faire des

lois et de s'en affranchir lui-même : presque tous les rois absolus ont organisé en leur faveur le vol, le viol, le meurtre, sans être atteints par les lois qui punissent le meurtre, le viol, le vol.

Pour rendre possible un état de choses si monstrueux, la force n'eût peut-être pas suffi : on s'est aidé de la fraude[27], du *droit divin* ; — mais toute puissance venant de Dieu, toute maladie en vient aussi. Est-ce à dire qu'il soit défendu d'appeler le médecin ? Qu'un brigand me surprenne au coin d'un bois, il veut par force la bourse ou la vie. Suis-je en conscience obligé de la donner ? Car enfin le pistolet qu'il tient est aussi une puissance : convenons donc que *force* ne fait pas *loi*.

Quelle différence y a-t-il entre un Gouvernement monarchique et un Gouvernement républicain ?

Dans un gouvernement monarchique la nation n'est rien qu'un troupeau[23] dont un ou quelques hommes se sont rendus les maîtres ; — dans un gouvernement républicain *il n'y a d'autre maître que la loi*, et l'on ne décore pas du nom de *loi* la volonté d'un *seul* ou de *quelques-uns*, mais de la *majorité* des citoyens.

Un défaut essentiel et inévitable qui mettra toujours le gouvernement monarchique au-dessous du gouvernement républicain est que dans celui-ci l'opinion publique ne *nomme* ou ne *laisse* presque jamais aux premières places que des hommes éclairés et capables, qui les remplissent avec honneur, — tandis que les courtisans[30] qui parviennent dans les monarchies ne sont le plus souvent que de petits brouillons, de petits fripons, de petits intrigants, à qui les petits talents, qui font dans les cours parvenir aux grandes places, ne servent qu'à montrer au public leur ineptie aussitôt qu'ils y sont parvenus.—Le *Peuple* se trompe bien moins sur ce choix que le *Prince* ; et un homme d'un vrai mérite est presque aussi rare dans un ministère qu'un sot à la tête d'un gouvernement républicain : — aussi, quand par quelque heureux hasard un de ces hommes nés pour gouverner prend le timon des affaires dans une monarchie presque abîmée par ces tas de jolis régisseurs, on est tout surpris des ressources qu'il trouve, et cela fait époque dans un pays.

Qu'est-ce que la Propriété [7]?

Sous la monarchie absolue [19] la Propriété n'a pas d'*existence assurée*, puisqu'elle dépend du caprice du monarque.

Sous une monarchie constitutionnelle [18] à législateurs *privilégiés*, la Propriété de ceux qu'on a exclus de la participation à la formation de la loi peut être singulièrement *attaquée, modifiée* par les législateurs *privilégiés* :

Mais lorsqu'une ou plusieurs personnes n'usurperont plus la place de la Société, et qu'enfin la Société *existera* [17], elle fera, par ses mandataires, *ses lois, ses règlements*, qui régleront les DEVOIRS et les DROITS de chacun : les DEVOIRS détermineront comment on peut acquérir; — les DROITS donneront la *sûreté de la chose acquise*.

Sous toutes les monarchies ceux qui s'arrogent le plus de DROITS sont ceux qui, toujours, remplissent le moins de DEVOIRS

Exemple monarchique :

« Une princesse [29] fait un enfant : de cet enfant encore à la
« mamelle on fait un colonel, un général... — Quels DEVOIRS
« cet enfant a-t-il accomplis? — Aucun. — On *vole* donc
« pour lui le DROIT qu'a un ancien soldat d'être colonel ou
« général. » C'est parfaitement indigne, injuste, ridicule :
le *droit acquis* du vieux soldat (*sa propriété*) est anéanti
par le *privilége*.

Exemples républicains :

« Le premier commis de la République — et un citoyen
« quelconque — ont chacun un enfant. Ces deux petits êtres,

« *également* protégés par la Société, deviennent des hommes;
« l'un fait bien, l'autre fait mal : la Société punit, ou, mieux
« que cela, *corrige* celui qui est nuisible ; elle récompense
« celui qui est utile. » — C'est juste, parfaitement juste.

— « Mon voisin travaille : c'est son DEVOIR ; — il reçoit
« *sa paye* : c'est son DROIT. — La Société lui doit la *sûreté*
« *de la possession* [7] de ce qu'il a gagné. »

— « Je peux travailler, moi, et je ne le veux pas : la
« Société ne me doit rien... absolument rien. — Si j'eusse
« travaillé *également* comme mon voisin, j'aurais *également*
« comme lui : — ainsi le veut l'*égalité* républicaine. »

La Société doit *assistance* [8] au malade, à l'enfant, au vieillard : — mais, encore en cela, n'est-ce pas un pacte entre le *devoir* et le *droit?* car l'homme qui *assiste l'enfant* n'aura-t-il pas lui-même le droit d'être *assisté* quand il sera *vieillard?*

La propriété est un *droit,* — mais le travail est un *devoir* : — un jour (il faut l'espérer !) la propriété sera surtout la fille du travail. — A chacun donc sa *fonction,* son *utilité.*

Ceux qui crient contre l'*égalité des devoirs* [4] et l'*égalité des droits* sont... des imbéciles... ou les gens qui veulent que les *droits* soient pour eux — et que les *devoirs* pèsent sur les autres.

Qu'est-ce que l'Impôt [20] ?

La Société *doit* à chacun :

> *Maintien de l'Égalité,*
> *Assurance de la Liberté,*
> *Sûreté de la Personne et de la Propriété,*
> *Éducation gratuite,*
> *Protection au Travail,*
> *Assistance ;*
> Elle doit aussi *pourvoir à l'entretien des villes,*

des routes, veiller à la 'sécurité, à la défense du pays, etc.;

Mais toutes ces choses occasionnent des *dépenses;* ces dépenses sont faites dans l'*intérêt de tous :* il est *juste* que chacun y contribue *proportionnellement, progressivement* [20] en raison de ses *facultés.*

Lorsque l'*Impôt* [20] etait voté seulement par les *riches,* les *pauvres* (dignes de les *payer,* indignes de les *discuter*) étaient très-lourdement ecrasés par les *octrois,* les *impôts sur la consommation; —* et les riches, *qui seuls faisaient la loi,* la faisaient fort légère pour eux-mêmes.

En voici un exemple sur mille :

« Un homme peut avoir des centaines de mille francs de « *revenu,* et ne pas payer un centime d'impôt pour ces reve- « nus ; — mais une femme, une mere dont on a pris les fils « pour en faire des soldats, — cette ouvrière, cette mère « de famille, qui gagne 40 centimes par jour quand elle « peut avoir de l ouvrage, — eh bien ! les *privilégiés qui seuls* « *ont fait la loi* lui font payer 30 centimes d'impôt pour un « kilo de sel » — C'est révoltant ! — Nos Représentants (il faut l'espérer !) vont réviser, anéantir tout ce qu'ont de mauvais les lois d'impôts sur la *consommation* que la Monarchie et ses législateurs privilégiés nous ont léguées.

Quand l'insurrection est-elle un devoir ?

Toutes les fois que l'*État n'est que le roi* (monarchie absolue),

— ou que l'*État n'est qu'une monarchie ornée d'une constitution imposée,*

— ou même que l'*État n'est qu'une monarchie quelconque,*

Car le vrai monarque c'est la Nation, — toujours la

Nation, qui n'a pas le droit d'abdiquer : — une nation, pas plus qu'un homme [7], n'a le droit d'abdiquer sa liberté ou de se vendre.

Enfin lorsque l'*État n'est pas la majorité des citoyens*, l'insurrection est pour *tous* et pour *chacun* le plus sacré des droits et le plus indispensable des devoirs [15].

Quand l'insurrection est-elle un crime ?

Lorsqu'elle attaque la *souveraineté nationale :* — en d'autres termes, lorsqu'elle attaque ce qui provient du *suffrage universel librement exercé.*

Qu'est-ce que le suffrage universel ?

Le droit que chaque citoyen a de concourir à la nomination de ses représentants pour faire *la loi :*

Chaque citoyen ayant ainsi délégué *sa part de souveraineté*, l'ASSEMBLÉE NATIONALE représente alors *la volonté nationale*, la volonté de *tous* et de *chacun.*

Il est donc indispensable que le suffrage universel soit librement exercé ?

Sans doute : car si une partie de la Société enlevait ou entravait la liberté d'élection de l'autre partie, on n'aurait pas une Assemblée *nationale :* on n'aurait qu'une Assemblee ne représentant qu'une *partie* de la Société.

Le gouverment républicain, — gouvernement de *liberté et d'égalité* pour tous, — doit faire qu'il y ait *liberté, égalité d'élection* pour tous : il faut *absolument* que chacun puisse librement exercer *son droit*, afin que chacun soit *absolument* obligé d'accomplir *son devoir.*

Comment le suffrage universel est-il librement exercé ?

En *pouvant* se *réunir* [1-26] librement et sans armes pour discuter sur les hommes et les choses de la Société (c'est le *droit de réunion*);

En *pouvant* librement *imprimer* [1-26], distribuer et faire distribuer ses opinions sur les hommes et les choses de la Société (c'est la *liberté de la presse*) :

Ces deux conditions sont indispensables :

En se réunissant, on s'éclaire mutuellement sur les affaires de la Nation, et, par conséquent, sur ses propres affaires, puisque soi-même on fait partie de la Nation :

On se demande si les représentants auxquels on a délégué *sa part de souveraineté* ont justifié la confiance qu'on a placée en eux, — s'il faut les réélire ou en nommer d'autres, etc.;

Et, lorsque la majorité des membres de la *réunion* a pris une résolution, elle doit *pouvoir* l'imprimer et *pouvoir* la communiquer à la Nation : — la Nation, alors, décide par le *suffrage universel*. — Ce que la *majorité* a décidé devient *la loi pour tous*.

La loi qui émane *de tous* est respectable et doit être respectée *de tous;*

Par conséquent la loi qui n'émane pas *de tous* n'est pas respectable et ne doit pas être respectée *de tous* :

Il est donc indispensable qu'aucune atteinte ne soit portée directement ni *indirectement* au suffrage universel, — car du *suffrage universel* seul émane la loi : — ce qui n'émane pas du suffrage universel n'est pas la loi, — et, puisque c'est un devoir absolu de se soumettre *à la loi*, c'est une lâcheté absolue de se soumettre *à ce qui n'est pas la loi*.

Sous la dernière monarchie, le suffrage universel et la liberté de la presse existaient-ils ?

Non :

Pour être électeur, il fallait payer 200 francs d'impôts ;

Pour pouvoir *imprimer sa pensée*, il fallait être *assez bien* avec le Ministre[31] pour qu'il lui plût de vous accorder la *permission* d'avoir des presses chez vous. Il fallait, encore, déposer un cautionnement : — par conséquent la liberté de la presse (POSSIBILITÉ d'imprimer) n'existait que pour le Ministre, ses créatures, et les riches.

Mais, aujourd'hui, faut-il payer des impôts pour être électeur ?

Non.

Mais, aujourd'hui, la liberté de la presse existe-t-elle pour tous ?

Non :

Pour pouvoir *imprimer* sa pensée, il faut être *assez bien* avec le Ministre[31] pour qu'il lui plaise de vous accorder la *permission* d'avoir des presses chez vous. Il faut, encore, déposer un cautionnement : — par conséquent la liberté de la presse (POSSIBILITÉ d'imprimer) n'existe que pour le Ministre, ses créatures, et les riches.

Les Représentants de la République vont probablement réviser ces mauvaises lois contre la presse que la Monarchie a faites contre les principes républicains ?

C'est probable... C'est même certain, s'ils ne veulent pas, — en fait d'empêchements à la POSSIBILITÉ d'exprimer sa pensée, — que l'on puisse reprocher avec justice à la République ce que l'on a si souvent reproché à la Monarchie. — Et ces *empêchements* sont bien nombreux ! (Voir *note* 33.)

Mais n'accusons pas la République de ces mauvaises choses qui ont été imposées par la Monarchie. — Non !

Depuis trente ans les écrivains républicains — et même les royalistes non salariés par la royauté, — enfin tous les *écrivains* ont répété, même sous la Monarchie, que ces lois sont détestables... Il appartient à la République d'anéantir ce qu'elles ont de *préventif* — et de sagement *réglementer* la liberté de la presse.

Peut-on IMPUNÉMENT tout dire et tout imprimer?

Non :

Le DROIT est de *pouvoir* tout dire, tout imprimer... Mais si par des discours publics, des journaux, des écrits quelconques, on a causé ou voulu causer un dommage à un citoyen ou à la société, on doit réparation ; — on sera *justement* condamné à l'amende, à la prison... Si vous ne payez l'amende, on vendra ce que vous avez, la *propriété de votre journal*, etc.; enfin il y a des lois pour le recouvrement des amendes...

La liberté de la presse et de la parole (POSSIBILITÉ d'*imprimer* et de *dire*) doit être absolue : *rien de préventif*.

Doit-on me lier les jambes et les bras sous le prétexte que — *peut-être* — je donnerai des coups de pieds et de poings ? — m'empêcher de *pouvoir communiquer ma pensée* sous le prétexte que je pourrai — *peut être* — nuire?...

Mais toute peine doit être proportionnée au dommage causé : avec mes pieds et mes poings je n'aurai pu frapper que quelques personnes; avec des discours *publics*, des journaux, des écrits, on s'adresse à *tous les citoyens*. Le mal que l'on peut faire est beaucoup plus grand : la peine doit être beaucoup plus forte.

Que les législateurs républicains *règlent donc l'exercice des libertés*, afin que les *libertés existent;*

Et, en se battant pour les libertés de *tous*, chacun se battra pour *sa part de liberté :* — les désordres, les conspirations, les insurrections, seront alors des crimes contre *toute* la société, que *chaque citoyen* devra combattre, même aux dépens de sa vie.

Pourquoi ne doit-on pas aimer la Monarchie?

Parce que, avec cette forme gouvernementale, tous les citoyens dépendent du caprice d'un homme :

Cet homme (le monarque) vous fait payer des impôts que vous n'avez pas consentis. Ce qui a rendu misérable une foule d'individus le rend riche, lui... et, riche à vos dépens, *il se fait des créatures*, des courtisans, méprisables valets qu'il nourrit de vos dépouilles... Non-seulement il prend votre argent, mais il prend aussi vos frères, en forme une armée... et si vous voulez vous réunir pour discuter les améliorations que vous aurez à implorer de sa pitié, — oh! alors, Peuple, tu n'es qu'un rebelle... — La loi monarchique a dit : « Paye! paye l'impôt, ne le « discute pas; — paye, ne t'associe pas, ne te réunis pas... « mais paye... » Et si tu t'écries, Peuple, que c'est étrange, injuste, le monarque te fait fusiller par tes frères, — par tes frères-soldats qu'il exploite comme toi, — fusiller avec des fusils achetés avec l'argent qu'il t'a *volé!* — Et c'est bien vrai cela, — cela, qui est écrit en lettres de sang sur tous les pavés de Paris, — cela, qui est prescrit dans les codes despotiques et sanglants de tous les tyrans du monde!

Pourquoi doit-on aimer la République?

Parce que, avec cette forme gouvernementale, les citoyens dépendent d'eux-mêmes et non d'un homme :

Les *devoirs* et les *droits* étant égaux pour tous, il n'y a pas de privilége de naissance ou de fortune : l'ouvrier capable, honnête, qui a su mériter la confiance des autres citoyens, peut être nommé par eux à toutes les fonctions, tandis que sous la Monarchie il n'est bon qu'à payer les impôts comme contribuable, et l'impôt du sang comme soldat. — Enfin la République est la seule forme gouvernementale qui permette l'application des belles maximes d'égalité, de liberté et de fraternité:

— D'*Égalité* : tous les droits étant égaux, on ne peut se distinguer que par le mérite et la vertu;

— De *Liberté* : personne ne peut *librement* vous nuire;

— De *Fraternité,* afin de jouir de cet immense avantage : « Que *chacun* soit le frère de *tous*, et que *tous* soient «les frères de *chacun !* »

Quel gouvernement les amis de l'ordre et de la tranquillité doivent-ils préférer ?

Celui qui est le moins exposé aux révolutions. — Aucun ne l'est davantage que les monarchies.

En voici la preuve:

Sous la monarchie, comment la Nation peut-elle *paisiblement* renvoyer un roi qui avilit le pays, un roi cruel, spoliateur? — Lui direz-vous : « Va-t'en? »—Mais, violateur de la loi qu'a faite le monarque pour se déclarer *inviolable,* vous serez arrêté, condamné au dernier supplice. — Vous serez donc réduit à cette triste nécessité de faire une révolution : soit! — Et ce ne sera, si vous réussissez, qu'après avoir longtemps souffert... Vous faites donc une révolution; mais alors que de désordres dans l'organisation sociale ! Le rentier voit baisser la rente; — le boutiquier ne vend plus, il ne peut payer le propriétaire; — le fabricant, ruiné, ne peut plus occuper les ouvriers, qui meurent de faim ; des millions de citoyens souffrent : partout il y a malaise, inquiétude, désolation... Et tout cela à cause d'un homme, d'un seul homme, — du roi, — de ce *commis* que la Nation salarie et qu'elle ne peut renvoyer sans faire une révolution !

N'est-ce pas cela sous la Monarchie ? — Oui.

C'est une monstrueuse association que celle dont les associés ne peuvent *renvoyer le commis* sans se tuer les uns les autres ; — une association dans laquelle le *commis est le maître !*

Avec la République point de ces désordres, ni de sang versé et de misère publique lorsque la Nation change de premier commis :

Ah ! c'est qu'avec la République tout *changement* est *pacifiquement* trouvé au fond de l'urne électorale ; — sous la Monarchie il n'est qu'au bout des baïonnettes !

Avec la République vous êtes *libre de nommer* le plus digne ; — sous la Monarchie vous êtes *condamné à tuer* les plus dignes de vos frères, des soldats... et, soldats et peuple, n'est-ce pas toujours le sang du Peuple qui est versé ?... Le monarque, lui, se cache : pas un de ses privilégiés, valets courtisans, ne vient à son secours ! — Ils ont pourtant, pendillant au côté, des épées bien belles, bien dorées — bien neuves surtout... Mais ça n'est pas du peuple, ça : ce ne sont que des courtisans... Pour dévorer les faveurs royales ça rampait comme les chenilles...

Prends garde, prends bien garde, Peuple, pour tes arbres de *Liberté,* à ces chenilles-là !

. . . .

Aux États Unis, depuis l'établissement de la forme républicaine (depuis quatre-vingts ans), il y a eu une dizaine de *présidents.* A-t-on jamais fait une révolution pour l'un d'eux ? — Non !

Et ces États républicains sont calmes, prospères avec la paix républicaine :

Au lieu qu'en France, avec la Monarchie, il n'y a pas la moindre assurance de tranquillité : le caprice du monarque peut, à chaque instant, porter le trouble dans la Société. La grande voix de la majorité du Peuple ne pouvant se faire entendre, les factions se forment... Les émeutes, la guerre civile sont à craindre de tous côés : qu'elles descendent du trône, ou qu'elles s'élèvent du sein des minorités populaires !

Il en sera toujours ainsi *lorsqu'un roi — un gouvernement quelconque — se sera mis à la place de la Société.*

La Monarchie c'est donc toujours la guerre — la plus stupide de toutes : se faire tuer pour un roi... en faveur d'un autre roi... Se battre pour changer de maître ou pour renvoyer un *commis !*

La République c'est la paix entre les citoyens, *l'association réglée par les associés*, l'application de la volonté générale et non des caprices d'un homme.

Quelques gens disent : « Les Français ne sont pas assez « sages pour se constituer en république ! »

Mais on disait aussi cela aux Américains ! — Stupides paroles que les intérêts des maîtres jettent sans cesse à l'ignorance des esclaves !

Comment, Français ! quinze siècles de monarchie vous auraient assez abrutis pour vous rendre inférieurs à ces Américains républicains d'un demi-siècle ?

France ! le ciel aurait donc pour toujours refusé au cœur de tes *Fils* toute étincelle divine ! Ton âme serait donc de boue, de glace, qu'elle ne tressaillirait point aux sublimes élans des pensées généreuses !... Tu serais donc à jamais maudite de ces deux gardiennes de l'honneur et de la dignité des Nations, l'héroïque *Liberté*, la sainte *Fraternité !*

Non ! tes Fils, ô France ! doivent au Monde [23] l'exemple de la Liberté, de la Fraternité.

Français, frères de tous les hommes ! que votre Mère la sainte *Patrie* soit respectée de tous les hommes !

France, — sœur des Nations libres, sœur et libératrice des Nations opprimées ! —sois bénie des Nations tes sœurs !

—

Qu'est-ce que la Religion ?

.... — Nous ne comprenons pas *comment* nous existons. Aussitôt que nous voulons expliquer la Nature, tout est ténèbres, mystères pour nous... — Notre Pensée ne peut nous expliquer la *création*; mais n'est-elle pas là notre Pensée qui nous crie : « Point d'œuvre sans *ouvrier*, de « *créature* sans *créateur !* »

L'Univers existe : donc il y a un Créateur.

. . . .

Beaucoup sont venus dire *comment* on doit adorer le Créateur ; — mais, entre tous, voyez, cherchez quel est celui qui est venu abattre les idoles san-guinaires, — affranchir l'Humanité de toutes les tyrannies, — *sauver le Monde,* — révéler enfin

la Religion | ÉGALITÉ | — FRATERNITÉ — | LIBERTÉ | de l'Homme,

religion sainte, sublime, véritable, qui enseigne « — que les hommes, enfants du même Dieu, se reconnaissent tous frères, et que la société qui les unit ne se dissout pas, même à la mort. » — La parole, la vie du Sauveur disaient cela..... Et les rois et les aristocrates crièrent — alors comme toujours : — « *C'est un perturbateur !...* » Ils le crucifièrent..... — Les trônes puissants d'alors élevèrent cette Croix d'ignominie : la Croix est debout, puissante ; les trônes sont renversés dans l'ignominie. C'est que, sur la Croix, le sang du Christ avait laissé empreints ces trois mots, — le dernier mot de l'Humanité, — *Égalité, Liberté, Fraternité !*

Ceux donc qui ne *pratiquent* pas l'Égalité, la Liberté, la Fraternité, sont hors des voies de l'Humanité, hors des voies du Seigneur... — Dieu n'est pas en leur âme à ceux-là : — *ils n'ont point de religion !*

[1833—1848.]

FIN DU CATÉCHISME.

❖

Paris, 1848.

Amis, nous avons enfin conquis la *forme gouvernementale qui, seule, puisse permettre l'application de ce qui e t juste.*

Nous avons l'instrument... soyons bons ouvriers... *l'instrument, c'est la Révolution ;* ne le laissons pas inoccupé, soyons *révolutionnaires :* continuons l'œuvre de Christ : Dieu, qui est juste, est avec nous, — avec nous qui ne voulons que ce qui est juste.

Soyons révolutionnaires ! — Mais que ce mot ne soit plus effrayant !... Et si l'on a abusé du *mot* et de la *chose,* nous ne devons, nous, en user que pour les faire aimer : on ne pourra les aimer que s'ils signifient : « Réforme *pacifique, continue,* de tout ce qui est *mauvais...* »

Et, puisque nous nous disons réformateurs, examinons d'abord si nous-mêmes nous sommes *justes,* — si nos habitudes ne sont pas mauvaises, — si nous ne faisons pas le contraire de ce que nous enseignons. Tâchons de nous corriger, afin qu'on ne dise pas de nous : « *Hypocrites !* »

Soyons pacifiquement révolutionnaires : le moyen, surtout, c'est de rappeler souvent à nos représentants · « Que les « lois que la *Monarchie* et ses *privilégiés* nous ont imposées

« sont généralement contraires aux institutions républicaines,
« et qu'ils doivent se hâter de les réviser. — *C'est pour cela*
« *que la Révolution vient d'être faite, et non pour que Paul*
« *usurpe la place de la Société, que Pierre avait usurpée.* »
— Nous arriverons ainsi *pacifiquement, sans effusion de sang,*
à faire que ce qui est *juste* remplace enfin ce qui est *injuste*.

Comme Christ et ses apôtres, enseignons la fraternité :
l'enseigner c'est la *pratiquer*.

Secourons nos frères...
Et si Dieu nous donne cette grande, belle, sainte mission
d'affranchir les nations opprimées, notre conquête à nous
sera la *sainte alliance des peuples :*
Les rois, par la guerre font des esclaves : — les républicains font des peuples libres ;
Les rois, par la guerre volent le sol des nations : — la
Patrie sera rendue aux nations spoliées !
Frères opprimés, Peuples ! la sainte République ne peut
vouloir d'autre *conquête* que celle de votre *fraternité*, de votre
amour ;
Puis, Peuples ! sur vos places publiques, — *lorsque vous*
aurez des places publiques à vous, — nous planterons, pour
vous et avec vous, le drapeau des nations libres, — le vôtre,
le nôtre, — un seul et même drapeau, celui de l'*Égalité*, la
Liberté, la *Fraternité !*

NOTES DU CATÉCHISME.

(Les passages *« guillemetés »* sont extraits de Constitutions françaises.)

----∞----

1 Page 5. — ... exprimer sa pensée est un DROIT, comme *voir, penser, agir*...

« Le droit de manifester sa pensée et ses opinions, soit
« par la voie de la presse, soit de toute autre manière, le
« droit de s'assembler paisiblement, le libre exercice des
« cultes, ne peut être interdit. »

2 Page 6. — Les lois ne doivent être que les conditions faites et acceptées par les hommes pour vivre en société.

« La LOI est l'expression libre et solennelle de la vo-
« lonté générale : elle est la même pour tous, soit qu'elle
« protége, soit qu'elle punisse ; elle ne peut ordonner que
« ce qui est juste et utile à la Société ; elle ne peut défendre
« que ce qui lui est nuisible. »

« La loi ne doit décerner que des peines strictement né-
« cessaires. »

« La loi doit protéger la liberté publique et individuelle
« contre l'oppression de ceux qui gouvernent. »

« Les délits des mandataires du peuple ne doivent ja-
« mais être impunis : nul n'a le droit de se prétendre plus
« inviolable que les autres citoyens. »

« Tout acte exercé contre un homme, hors des cas et
« sans les formalités que la loi détermine, est arbitraire et
« tyrannique : celui contre lequel on voudrait l'exéc ter
« par la violence a le droit de le repousser par la force »

³ Page 6. — La Société doit garantir l'Égalité, la Liberté, la Sûreté, la Propriété, l'Instruction, l'assistance ; — elle doit aussi (de tout son pouvoir) protéger le travail.

[... Peut-être vaudrait-il mieux dire — appliquer surtout — ceci : « La Société a pour base : *Égalité pour tous des devoirs et des droits.* »]

⁴ Page 6. — ... l'Égalité (*égalité des devoirs et des droits*)?

« Tous les hommes sont égaux par la Nature et devant « la loi. »

« Les hommes libres ne connaissent d'autres motifs de « préférence dans leurs élections que les vertus et les « talents. »

[Tout homme a le même droit, car le droit de *chacun* implique le droit de *chacun*, — et, de plus, le droit de *chacun* a besoin, pour s'exercer, du concours de tous . — Le *droit* et le *devoir* de *chacun* sont identiques au *droit* et au *devoir* de chacun.]

⁵ Page 6. — ... la Liberté?

« La liberté est le pouvoir qui appartient à l'homme de « faire tout ce qui ne nuit pas à autrui. »

⁶ Page 7. — ... la Sûreté de nos personnes?

« La Sûreté consiste dans la protection accordée par la « Société à chacun de ses membres. »

⁷ Page 7. — ... la Propriété?

« Le droit de propriété est celui qui appartient à tout ci-« toyen de jouir et de disposer à son gré de ses biens et « de ses revenus, du fruit de son travail et de son in-« dustrie. »

« Nul ne peut être privé de la moindre portion de sa « propriété sans son consentement, si ce n'est lorsque la

« nécessité publique, légalement constatée, l'exige, et sous
« la condition d'une juste et préalable indemnité. »

« Tout homme peut engager son temps et ses services ;
« mais il ne peut se vendre ni être vendu · — sa personne
« n'est pas une propriété aliénable. »

8 Page 7. — ... le droit à l'Assistance...
9   »   »   — ... la protection au Travail? .

« La Société doit la subsistance aux malheureux, SOIT
« EN LEUR PROCURANT DU TRAVAIL, soit en assurant les
« moyens d'exister à ceux qui sont hors d'état de tra-
« vailler. »

[La Société ne peut *garantir* du travail à *tous* ses membres,
— car « comment les 35 millions de Français pour-
« raient-ils garantir du travail aux 35 millions de Fran-
« çais? » — Mais rien n'étant plus honorable, plus utile
que le *Travail*, la République honorera le *Travail*, —
elle en favorisera le développement par l'enseigne-
ment primaire gratuit, par l'égalité des rapports
entre le patron et l'ouvrier, les institutions de pré-
voyance, etc., etc]

[La République DOIT *assistance* aux enfants abandonnés,
aux infirmes, aux vieillards sans ressources... L'ex-
tinction de la *mendicité* est une des choses les plus
essentielles : la mendicité est une très-mauvaise école
dont la République dcit absolument fermer les portes.]

10–11 Page 7. — ... l'Éducation *donnée* à tous les
              citoyens?

« L'instruction est le besoin de tous : la Société doit favo-
« riser de tout son pouvoir les progrès de la raison publi-
« que, et mettre l'instruction à la portée de tous les ci-
« toyens. »

12 Page 9. — ... un Conquérant?

[La *conquête*... presque toujours la violence, la rapine, la
fraude... — Le conquérant appelle *gloire* ce qui devrait
le couvrir d'ignominie, et qu'il punirait lui-même du

dernier supplice dans un citoyen obscur qui voudrait l'imiter en petit.]

13 Page 10. — Le cri de *Vive la Liberté!...*

« La nécessité d'énoncer ses droits suppose la présence
« ou le souvenir récent du despotisme. »

14 Page 10. — ... la Société?

« Le but de la Société est le bonheur commun. »
« Le Gouvernement est institué pour garantir à l'homme
« la jouissance de ses droits naturels et imprescriptibles. »
« La garantie sociale consiste dans l'action de *tous* pour
« assurer à *chacun* la jouissance et la conservation de ses
« droits. »

15 Page 10. — Le despote brise lui-même la garantie
que la Société lui accordait : il faut qu'elle
se laisse enchaîner... ou qu'il périsse.

« Que tout individu qui usurperait la souveraineté soit à
« l'instant mis à mort par les hommes libres. »

16 Page 11. — ... des *bourgeois*, des *hommes du
peuple.*

[Dans un atelier où je travaillais, le *bourgeois* (ce qu'on
nomme bourgeois), jeune encore, avait hérité de son
père : il arrivait à la fois à cet homme établissement,
clientèle, fortune... mais il était paresseux, négligent,
débauché... — Dans cet atelier était un apprenti, pauvre
mais intelligent, laborieux, économe... — Aujourd'hui
l'atelier appartient à l'apprenti alors pauvre mais laborieux ; — et le bourgeois — ruiné par la paresse et
quelques vices — en est le dernier ouvrier.
De ces deux hommes, quel est donc le *bourgeois* ou
l'homme du peuple?
Il n'y a plus — ou, pour mieux dire, — il ne doit plus y
avoir que des citoyens *égaux devant les devoirs et les
droits.*]

17 Page 12. — ... une république?

[Gouvernement de *tous*... pour... *tous.*]

18 Page 12. — ... une monarchie constitutionnelle?

[Gouvernement de *quelques uns*... contre... *presque tous.*]

19 Page 12. — ... une monarchie absolue?

[Gouvernement d'*un seul*... contre... *tous.*]

20 Page 15. — ... l'Impôt?

« Nulle contribution ne peut être établie que pour l'uti-
« lité publique. *Tous les citoyens* ont droit de concourir à
« l'établissement des contributions, d'en surveiller l'em-
« ploi, et de s'en faire rendre compte. »

« Toute contribution doit être répartie entre les contri-
« buables en raison de leurs *facultes.* »

— — — —⚬✸⚬— — — —

21 Page 8. — ... les Préjugés?

(Quelques lignes extraites d'un livre qui a paru il y a justement un siècle aujourd'hui (en 1748). Ce livre a été brûlé par
le bourreau sur la place du Châtelet.

Sur les Préjugés.

J'ai entrepris ce livre CONTRE LES PRÉJUGÉS, livre qui sera
dénigré par les sots, qui s'inclinent devant les préjugés, — et
par les fripons, qui se servent des préjugés.

———

... **22** ... La Nation se laissera-t-elle donc toujours exploiter,
voler, tyranniser par *un homme* ou par *quelques hommes* ? Le
plus méritant des citoyens, choisi par ses concitoyens, ne se-
rait-il donc pas plus utile *à tous,* que celui que le hasard seul
de la naissance rend maître de la Société?

Pour se laisser ainsi exploiter, voler, n'y a-t-il donc plus
que lâcheté, avilissement dans le cœur des hommes?

Seront-ils toujours méprisables ?

Non !

... [23] ... **AVANT UN SIÈCLE** les Français se relèveront de leur indignité... (Écrit en 1748.)

Ils seront enfin *des hommes*, et non des esclaves menés, exploités, tondus, égorgés—comme on fait d'un vil troupeau.

Respecter les opinions reçues, c'est presque toujours respecter le mensonge · c'est se rendre complice de l'imposture.

Celui qui aime la vérité doit attaquer l'erreur... *Il doit parler...*

... [24] ... On est tout surpris, quand on prend la peine de réfléchir, de voir que la plupart des institutions humaines ne sont qu'un long tissu d'extravagances. (Écrit en 1748 : depuis on a fait quelques progrès).

Penser avec liberté, c'est n'avoir point les opinions du grand nombre : c'est être dégagé des préjugés que la tyrannie croit nécessaire à son soutien.

... Que les Nations ne méprisent du moins pas ces enthousiastes éclairés qui, au risque de leur bonheur, de leur fortune, de leur vie, leur annoncent la vérité... qu'elles ne regardent point comme de vils séditieux ou de mauvais citoyens ces hommes qui attaquent les préjugés. Si ces martyrs de la *cause de tous* succombent sous le poids de la tyrannie, ce n'est point à leurs concitoyens qu'il appartient d'applaudir à la rage des tyrans : ceux-ci n'accablent la vérité que pour les accabler eux-mêmes

---

Les erreurs, les préjugés se sont tellement emparés de l'esprit humain, se sont tellement identifiés avec l'homme, qu'il semble que ceux qui s'en séparent cessent d'être des hommes, sont des êtres dénaturés, et perdent tout droit aux avantages de la Société.

... [25] ... Détromper les hommes de leurs préjugés est une entreprise qui parut toujours aussi vaine qu'insensée.

Tout homme qui veut changer les idées de ses semblables paraît à leurs yeux un extravagant, dont le moindre châtiment est d'être couvert de ridicule.

Eh quoi donc! l'homme est-il donc condamné à demeurer dans une enfance perpétuelle? — N'est-ce pas faire à la race humaine la plus sanglante injure que de prétendre qu'il n'y a que l'erreur et le vice qui soient en droit de lui plaire, — et que la vérité et la vertu, dont elle sent les charmes et le besoin, ne sont point faits pour l'éclairer ou pour guider sa conduite?

Si la vérité, concentrée dans l'esprit d'un petit nombre d'hommes, fait des pas lents, ils n'en sont pas moins sûrs : elle se répand de proche en proche, et finira par détruire les erreurs humaines...

Ne regardons point cette espérance comme chimérique. L'esprit humain s'irrite des entraves qu'on lui met : la vérité, semblable aux eaux longtemps accumulées, renversera quel que jour les vains obstacles de l'erreur.

Que les hommes qui pensent répandent donc les lumières qu'ils ont acquises : — qu'ils *parlent,* qu'ils *écrivent...*

... [26] ... SUR LA LIBERTÉ DE LA PRESSE ET LE DROIT D'ASSOCIATION. (Écrit en 1748).

La faculté de communiquer ses idées est un des plus grands avantages que la Nature ait donnés aux Êtres de l'espèce humaine... Les hommes *rassemblés* sont à portée de se faire part de leur expérience, de leurs conseils... Ainsi la COMMUNICATION DE LA PENSÉE — *écrite et parlée* — est essentielle à la vie sociale · celui qui y met le moindre obstacle, le moindre empêchement, est un ennemi public, un violateur impie de l'ordre social, un tyran qui s'oppose au bonheur des humains : il n'y a que la liberté de *parler* et d'*écrire* qui puisse éclairer les nations, les guérir de leurs préjugés, réformer leurs mœurs, perfectionner leurs gouvernements, faire fleurir les sciences, —porter les hommes à la vertu, —ASSURER LES DROITS DE TOUS.

Chacun se pique d'aimer la vérite·personne ne veut l'entendre, et bien des gens condamnent ceux qui osent l'annoncer.

———

L'ignorance, les erreurs, les préjugés des hommes sont les sources de leurs maux la vérité en est le remède.

———

Les apôtres du mensonge seront peut-être encore longtemps les plus forts : mais la vérité doit tôt ou tard triompher de l'erreur.

———

Penser par soi-même est pour la plupart des hommes un travail aussi pénible qu'inusité· leurs passions, leurs affaires, leurs plaisirs, leur tempérament, leur paresse, les empêchent de *chercher la verité*... Ils trouvent bien plus commode et plus court de se laisser enchaîner par l'autorité, par l'exemple, par les *opinions reçues,* par les usages établis, par les habitudes machinales.

———

... [27] ... Les hommes qui se *sont mis en possession* de régler les destinées des autres trouvent de grands avantages à les tromper, à perpétuer leur inexpérience, leurs erreurs :
Dès le seuil de la vie l'homme s'habitue à prendre pour des vérités démontrées une foule d'erreurs qui ne sont utiles qu'aux despotes, dont l'intérêt est de l'abrutir pour en faire le soutien de leur pouvoir usurpé... Après s'être ainsi dès l'enfance empoisonné dans la coupe de l'erreur, l'homme tombe dans la Société; il y trouve tous ses semblables imbus des mêmes opinions, des mêmes préjugés, qu'aucun d'eux ne s'est donné la peine d'examiner, et qu'il voit revêtus de l'approbation générale... Si par hasard il entrevoit la vérité, il referme aussitôt les yeux : entouré d'insensés, il craindra le ridicule, le blâme ou le châtiment, s'il ne partage point le délire épidémique. — Des mortels. ainsi égarés, avilis, ne sont que des enfants sans raison, des esclaves pusillanimes, inquiets, malfaisants : leurs opinions sacrées les rendent arrogants, entêtés, intolérants, inhumains.

———

... [28] ... Les Sociétés se sont formées pour augmenter leur bien-être, et non pour procurer à quelques individus la faculté de les accabler sous le poids d'un pouvoir qu'on ne peut regarder que comme une usurpation et une violence dès qu'il cesse d'*assurer* la *liberté*, la *propriété*, la *sûreté*...

L'homme n'est si contraire à la Raison, que parce qu'il s'imagine que la Raison lui est contraire : c'est pourtant la Raison qui, pour l'intérêt des peuples, oblige peu à peu *leur feroci e sauvage* de céder au *droit* des gens, — elle leur découvre les nœuds qui unissent les nations aux nations, les hommes aux hommes ; c'est la Raison qui, dans l'intérieur des familles, montre les avantages des nœuds qui unissent l'époux avec l'épouse, le père avec l'enfant, l'ami avec l'ami.

Les préjugés sont accompagnés de conséquences infinies : ce sont les préjugés des peuples qui s'opposent très-souvent au bien-être même qu'on veut leur faire ; — préjugés qui empêchent la réformation des abus et des mauvaises lois, et qui, dans les sciences, nuisent continuellement au progrès... Ce sont les préjugés qui arment les hommes contre toutes les innovations, leur font rejeter les plus utiles découvertes, et les mettent en garde contre les vérités les plus claires et les mieux démontrées.

... [29] ... Les nations ne semblent faites que pour travailler afin de mettre dans l'abondance et le luxe des hommes qui n'ont pour eux que les mérites fictifs de leurs premiers ancêtres.

N'est-ce pas APPLIQUER AUX VIVANTS LES MÉRITES DES TRÉPASSÉS ?

Si nous analysons de prétendus services, nous trouverons qu'un *Grand* chargé d'un nom pompeux descend de quelque guerrier turbulent, sanguinaire, — et souvent de quelque *esclave intrigant* du pouvoir tyrannique, qui lui prêta son concours pour subjuguer, désoler, massacrer ses concitoyens...

Nous trouverons très-souvent que ce n'est qu'en vue des for-faits des pères, que la Nation respecte et considère les enfants inutiles, incapables et méchants.

———

... [30] ... La naissance, le crédit, l'opulence, la faveur, l'in-trigue, la bassesse étant les seuls moyens de parvenir aux places, personne ne se trouve intéressé à se procurer à grand'peine les lumières nécessaires pour les remplir: — Ainsi le sort des nations est communément livré à des mains inca-pables et souillées; les peuples sont immolés aux caprices de quelques enfants remplis de vanité, qui se transmettent les uns aux autres le droit exclusif d'exploiter, de tyranniser tous les hommes.

———

... [31] ... Les *priviléges*, les prérogatives — accordés à quel-ques citoyens *favorises* et *refusés* à tous les autres, — tendent visiblement à détruire le respect pour les lois, et à éteindre dans les esprits les idées d'équité.

On ne doit rien obtenir *que de la loi,* qui doit être ÉGALE *pour tous...*

Un ministre q i peut accorder des priviléges — favoriser les uns aux dépens des autres — est un ministre qui est— ou qui sera probablement *corrupteur.*

———

Quelle sotte idée que d'accorder la direction des affaires de la Société à un homme presque toujours incapable, — et qui n'a pour lui que le *hasard de la naissance,* — *hasard* qui l'a fait hériter d'un *grand nom* qu'il salit presque toujours!

———

... [32] ... La source d'une foule de préjugés très-impertinents auxquels nos concitoyens sont encore très-fortement attachés remonte à ce qui se pratiquait chez les Scythes, les Celtes, les Gaulois, les Vandales, les Goths, etc., en un mot chez les Sauvages, dont les Princes et leurs valets titrés ont soigneu-sement conservé les folies... D'où viennent ces *armoiries* si

bizarrement ornées? L'on y voit des animaux et des figures
que des Sauvages tout nus se traçaient d'abord sur la peau
pour se rendre plus terribles, et qui, lorsqu'ils eurent appris
à se vêtir furent portés grossièrement sur les boucliers... Telle
est la véritable origine de cet art puéril connu sous le nom
de *blason*, qui servit à la science non moins futile des *généa-
logies*, inventée pour repaître la vanité de quelques hommes
très-curieux de prouver à l'Univers qu'ils descendaient en
droite ligne de quelque ancien Sauvage féroce et vaga-
bond. Ces colliers, ces chaînes dont les souverains se servent
encore pour décorer leurs favoris étaient déjà des distinc-
tions pour les mêmes brigands dans une antiquité très-reculée.

C'est encore à ces brigands farouches et ombrageux que
les Européens modernes sont redevables de leurs idées si
cruelles et si fausses sur le *point d'honneur*, et de ces combats
singuliers ou duels par lesquels des citoyens croient leur
honneur engagé *à se faire tuer* quand ils se croient offensés,
— ou à *tuer leurs concitoyens* quand ils les ont offensés.

⸺

L'*ignorance* des Français les tient courbés sous ce très-
ridicule préjugé qui leur fait accorder confiance à un
homme qui n'y a d'autre titre que de « *porter, par ha-
« sard, le nom de quelque illustre parent.* »
Cette confiance, les Français l'accordent alors même
que l'*incapacité* de cet homme s'est sans cesse révélée par
des sottises...
N'est-ce pas bien absurde, fort ridicule?
Que l'on ait confiance en celui qui a fait preuve de pa-
triotisme, de courage utile, cela se comprend, cela est
juste... mais...
Mais quel est le citoyen, — s'il n'est très-peu *sage*, —
qui, pour diriger ses affaires, choisira un employé n'ayant
d'autre *certificat de capacité* — qu'un *certificat* constatant
la capacité de son parent?
Quand on a besoin d'avoir confiance dans un homme,—
est-ce qu'il suffit de savoir ce qu'a été son parent? — Non !
Eh bien ! ce qui n'est pas *sage* pour de faciles affaires

particulières, — devient *folie* alors qu'il s'agit des affaires de toute une Nation.

La Nation, par intérêt pour elle-même, ne doit donner son suffrage qu'à celui à qui réellement les mérites appartiennent, — afin de n'être pas dupe du *geai qui se pare des plumes du paon.*

———

Ne rien *innover*, ne rien *réformer* sont des maximes de la stupidité et de la tyrannie.. Où en serions-nous si nos ancêtres avaient eu pour leurs préjugés l'aveugle vénération que l'on exige de nous pour les nôtres .. L'homme serait encore sauvage, il errerait tout nu dans les bois, il se nourrirait de glands et de *chair humaine...*

———

33 Page 20. — ... la liberté de la presse?

Quimper-Corentin, 31 JUILLET 1830.

Au Père André, à Paris.

... — Oh! les trois victorieuses *Journées de Juillet!*... On a beaucoup crié : *Vive la liberté de la presse!* n'est-ce pas?

Ah! ah! le Peuple va donc enfin POUVOIR user de l'IMPRIMERIE, — dont on a tant abusé contre lui... depuis qu'elle existe!

... — Figurez-vous, cher Père André, qu'ici à Quimper-Corentin,

« Pour *pouvoir* imprimer ou faire imprimer,
« Distribuer ou faire distribuer sa pensée, »

il faut... une foule de choses qui, — TOUTES, — dépendent du *caprice de l'autorité...* — il faut :

1. Pour *imprimer*, — obtenir un BREVET (*sic*), un *privilége* d'imprimeur...
2. ... que le Ministre refuse : — (il en est toujours ainsi

lorsqu'on n'a pas... *la capacité* .. l'indispensable capacité... *de lui plaire).*

3. On est réduit alors à cette *laide* nécessité de s'adresser
à l'imprimeur privilégié :

> [RESPONSABLE DE VOTRE PENSÉE, ce privilégié l'im-
> prime *si ça lui convient;* — il le fait presque sans
> danger pour lui, « pourvu que vous ne parliez ni
> « de l'autorité, ni du culte, ni de la politique, ni de
> « la morale, ni des gens en place, ni des corps en
> « crédit, ni de personne qui tienne à quelque
> « chose, » — ni, surtout, du Ministre dont il a ob-
> tenu un privilége *révocable;*
>
> Mais si cet imprimeur s'est trompé DANS LA CEN-
> SURE qu'il a dû faire de votre écrit, il y a — pour
> LUI comme pour VOUS — *amende, prison,* et, de plus,
> *confiscation* du privilége. .
>
> Ça s'est vu — *souvent !* — Avouez donc (mauvaises
> langues qui dites le contraire !) que *la censure est
> réellement bien abol e !*]

4. Enfin vous avez pu faire imprimer... — Maintenant, pour
vendre ou faire vendre vos œuvres, il ne faut plus,
pour vous et les débitants, qu'obtenir des BREVETS (*sic*)
de libraire...

5. ... que le Ministre refuse !

6. Mais, bagatelle ! — Car, s'il n'y a pas, *dans le village au-
quel vous destiniez vos livres,* de libraire (créature pri-
vilégiée ayant seule le droit de débiter des livres),
peut-être *ailleurs* en trouverez-vous un...

> [RESPONSABLE DE VOTRE PENSÉE, ce privilégié la dé-
> bite *si ça lui convient;* — il le fait presque sans
> danger pour lui, «pourvu que vous ne parliez ni
> « de l'autorité, ni de la politique, ni... » — ni
> surtout du Ministre dont il a obtenu un privilége
> *révocable;*
>
> Mais si ce libraire s'est trompé DANS LA CEN-
> SURE qu'il a dû faire de votre écrit, il y a — pour
> LUI comme pour VOUS — *amende. prison,* et, de plus,
> *confiscation* du privilége.

7. Eh! n'avez-vous pas encore — pour la distribution de votre écrit — la *voie publique?* — Faites-vous *crieur public..* AVEC LA PERMISSION DE MONSIEUR LE MAIRE...

8. ... qui la refuse ..

9. ... Car vous n'êtes pas l'*homme* de monsieur le maire. . — Mais cet homme de l'autorité, ce *crieur privilégié*, qui a distribué des écrits *contre vous*, employez-le, ne serait-ce que pour *répondre* ..—Ah ouiche! Cet homme, pour POUVOIR distribuer, doit *solliciter* de l'autorité *un visa* de votre écrit... Il ne l'aura pas, ce *visa :* — « La CENSURE est abolie : — MAIS il faut le *visa* .. qu'ON REFUSE ! »

10. Vous êtes vexé .. vous voulez par des affiches, dire vos tribulations . Vous parcourez l'immense échelle des êtres privilégiés qui concourent à la NON-LIBERTÉ de la presse, et vous y trouvez un *afficheur...* toujours *privilegié. .* — « Il faut, pour afficher, le *visa* de l'autorité...» — La *Censure!* allons donc !.. jamais ! jamais ! .. Le *visa*, je ne dis pas non... toujours ! toujours !

11. Quant au *cautionnement*, exigé si l'écrit est *périodique*, — à Quimper-Corentin tous les citoyens — même les plus pauvres— ont, pour le faire, les milliers et les milliers de francs indispensables...

12 Ah ! lorsqu'on a — *comme ça* — la liberté de la presse, on doit être bien fier *d'être Francais* — et continuer à se vanter d être le Peuple le plus spirituel de la Terre !

————◁◦▷————

Paris, 1848.

Réponse. Un mot

... — Aujourd'hui, en 1848 , — après bon nombre de mois de gouvernement républicain , — les lois *contre* la presse sont, encore, exactement les mêmes :

« Qu'au 23 février 1848 sous Louis-Philippe,

« Qu'au 27 juillet 1830 sous Charles X,

« Qu'au   mars   1815 sous Louis XVIII et

    « les Cosaques : »

Mais pour Philippe, Charles et Louis, — gouvernements de

quelques-uns CONTRE *presque tous,* — c'était une indispensable nécessité, pour l'existence de ces gouvernements de privilégiés, que l'imprimerie ne servît qu'aux privilégiés, — à *quelques uns* CONTRE *presque tous;*

Tandis qu'avec la République, — gouvernement de *tous* POUR *tous,* — la liberté de la presse, — qui est :

> « Pour chacun, sous sa responsabilité de-
> « vant les jurés,
> « Le *pouvoir* d'imprimer et faire imprimer,
> « Distribuer et faire distribuer sa pensée, »

Cette liberté, cette POSSIBILITÉ DE FAIRE, doit exister pour *tous.* — C'est l'instrument *pacifique* qui sert à l'application du *suffrage universel.*

Les lois *organiques* de la République ne sont pas encore votées;

On se sert encore des lois que la monarchie a faites *contre* les principes républicains: c'est un malheur; mais, soyons-en bien convaincus, l'Assemblée nationale — républicaine — va réviser les lois qui ont été faites par la Monarchie contre la République:

La République, sans cela, *serait entourée d'institutions monarchiques.* Ce serait *instituer* la guerre civile! — Mais nous qui voulons la paix, la tranquillité, — et non la guerre civile qui profite aux ambitieux, aux intrigants, — tâchons (en communiquant souvent notre petite idée là-dessus à nos représentants), tâchons d'avoir une République *républicaine...* Celle-là *vivrait...* Et, tout en faisant cela, disons et souhaitons tous ceci · « *Vive la République!* »

FIN DES NOTES DU CATÉCHISME.

LA SCIENCE

DU

BONHOMME RICHÅRD

CHEMIN DE LA FORTUNE

Tel qu'il est clairement indiqué dans un vieil almanach de Pensylvanie

INTITULE

L'ALMANACH DU BONHOMME RICHARD

PAR LE RÉPUBLICAIN
BENJAMIN FRANKLIN,
OUVRIER IMPRIMEUR.

> Si quelqu'un vous dit que vou pouvez vous enrichir autrement que par le travail et l'economie, ne l'écoutez pas . c'est un empoisonneur. FRANKLIN.

AMI LECTEUR,

J'ai ouï dire que rien ne fait tant de plaisir à un auteur que de voir ses ouvrages cités par d'autres avec respect. Juge d'apres cela combien je dus être content de l'aventure que je vais te raconter.

J'arrêtai dernièrement mon cheval dans un endroit où il y avait beaucoup de monde assemblé pour une vente à l'enchère. L'heure n'étant pas encore venue, l'on causait de la dureté des temps. Quelqu'un s'adressant à un bon vieillard en cheveux blancs et assez bien mis, lui dit : « Et vous, père Abraham, que pensez-vous de ce temps-ci ? Ces lourds impôts ne vont-ils pas tout à fait ruiner le pays ? Comment ferons-nous pour les payer ? Que nous conseilleriez-vous ? » — Le père Abraham attendit un instant, puis répondit : « Si vous voulez avoir mon avis, je vais vous le donner en peu de mots ; car *un mot suffit au Sage,* comme dit le bonhomme Richard. » — Chacun le priant de s'expliquer, l'on fit cercle autour de lui, et il poursuivit en ces termes :

« Mes amis, les impôts sont, en vérité, très-lourds, et pourtant, si ceux du gouvernement étaient les seuls à payer, nous pourrions encore nous tirer d'affaire ; mais il en y a bien d'autres et de bien plus onéreux pour quelques-uns de nous. Nous sommes cotés pour le double au moins par notre paresse, pour le triple par notre orgueil, pour le quadruple par notre étourderie, et pour ces impôts-là, le percepteur ne peut nous obtenir ni diminution ni délai ; cependant tout n'est pas désespéré, si nous sommes gens à suivre un bon conseil : *Aide-toi, le Ciel t'aidera,* dit le bonhomme Richard.

I.

« On regarderait comme un gouvernement insupportable celui qui exigerait de ses sujets la dixième partie de leur temps pour son service ; mais la paresse est bien plus exigeante chez la plupart d'entre nous. L'oisiveté, qui amène les maladies, raccourcit beaucoup la vie. *L'oisiveté, comme la rouille, use plus que le travail ; — la clef est claire tant que l'on s'en sert,* dit le bonhomme Richard. — *Vous aimez la vie,* dit-il encore : *ne perdez donc pas le temps : car c'est l'étoffe dont la vie est faite.* Combien de temps ne donnons-nous pas au sommeil au delà du nécessaire, oubliant que *Renard qui dort ne prend pas de poule,* et que *nous aurons le temps de dormir dans la bière*, comme dit le bonhomme Richard.

« Si le temps est le plus précieux des biens, *la perte du temps*, comme dit le bonhomme Richard, *doit être la plus grande des prodigalités*. Il nous dit ailleurs : *Le temps perdu ne se retrouve plus ; — assez de temps est toujours trop court*. Ainsi donc au travail, et pour cause ! de l'activité ! et nous ferons davantage avec moins de peine. *L'oisiveté rend tout difficile ; le travail rend tout aisé ; — Celui qui se lève tard traîne tout le jour, et commence à peine son ouvrage à la nuit. — Fainéantise va si lentement, que pauvreté l'atteint tout de suite. — Pousse les affaires et qu'elles ne te poussent pas. — Se coucher tôt, se lever tôt, donnent santé, richesse et sagesse*, comme dit le bonhomme Richard.

« Et que signifient ces souhaits et cet espoir d'un temps meilleur ? — Nous ferons le temps meilleur, si nous savons nous remuer nous-mêmes. *Activité n'a que faire de souhaits ; qui vit d'espoir mourra de faim ; — point de gain sans peine. Il faut m'aider de mes mains, faute de terres, ou si j'en ai, elles sont écrasées d'impôts ; un métier est un fonds de terre ; une profession est un emploi qui réunit honneur et profit ;* mais il faut travailler à son metier et suivre sa profession, sans quoi ni le *fonds* ni l'*emploi* ne nous mettront en état de payer l'impôt. Si nous sommes laborieux, nous n'aurons pas à craindre de disette. Car *la faim regarde à la porte du travailleur ; mais elle n'ose pas y entrer*. Les commissaires et les huissiers n'y entreront pas non plus ; car *l'activité paie les dettes, tandis que le découragement les augmente*. Il n'est que faire que vous trouviez un tresor ni qu'il vous arrive un riche héritage. *Activité est mère de prospérité, et Dieu ne refuse rien au travail*. Ainsi donc labourez profondément pendant que les paresseux dorment, et vous aurez du blé à vendre et garder. Travaillez pendant que c'est aujourd'hui ; car vous ne savez pas combien vous en serez empêché demain, *Un « aujourd'hui » vaut deux « demain »*, comme dit le bonhomme Richard ; et encore : *Ne remets jamais à demain ce que tu peux faire aujourd'hui*. Si vous étiez au service d'un bon maître, ne seriez-vous pas honteux qu'il vous surprît les bras croisés ? Mais vous êtes votre propre maître. Rougissez donc de vous surprendre à rien faire, quand il y a tant à faire, pour vous-mêmes, pour votre famille, pour votre pays. Prenez vos outils sans mitaines, souvenez-vous que *chat ganté ne prend pas de souris*, comme dit le bonhomme Richard. Il est vrai qu'il y a beaucoup de besogne et peut-être avez-vous le bras faible, mais tenez ferme et vous verrez des merveilles, car, *à la longue, les gouttes d'eau percent la pierre ; — avec de l'activité et de la patience, la souris coupe le câble ; — les petits coups font tomber de grands chênes.*

« Je crois entendre quelqu'un de vous me dire : « Mais « ne peut-on se donner un instant de loisir ? » je te dirai, mon ami, ce que dit le bonhomme Richard, *emploie bien le temps, si tu songes à gagner du loisir ; et puisque tu n'es pas sûr d'une minute, ne perds pas une heure.* Le loisir, c'est le moment de faire quelque chose d'utile ; ce loisir, l'homme actif l'obtiendra, mais le fainéant, jamais ; car *une vie de loisir et une vie de fainéantise, sont deux. — Bien des gens voudraient vivre, sans travailler, sur leur seul esprit ; mais ils échouent faute de fonds.* Le travail, au contraire, amène à sa suite les aises, l'abondance, la considération. — *Fuyez les plaisirs et ils courront après vous. — La fileuse diligente ne manque pas de chemises ; — à présent que j'ai vache et moutons, chacun me donne le bonjour.*

II.

« Mais indépendamment de l'amour du travail, il nous faut encore de la stabilité, de l'ordre, du soin, et veiller à nos affaires de nos propres yeux, sans nous en rapporter tant à ceux des autres; car, comme dit le bonhomme Richard, *je n'ai jamais vu venir à bien arbre ou famille changés souvent de place*; et encore : *trois déménagements sont pires qu'un incendie.* Puis ailleurs : *garde ta boutique et ta boutique te gardera.* Et ailleurs encore : *si vous voulez que votre besogne soit faite, allez-y ; si vous voulez qu'elle ne soit pas faite, envoyez-y.* Le bonhomme dit aussi : *Celui qui par la charrue veut s'enrichir, de sa main la doit tenir;* et ailleurs : *l'œil du maître fait plus d'ouvrage que ses deux mains ; — faute de soin fait plus de tort que faute de science ; — ne pas surveiller vos ouvriers, c'est leur livrer votre bourse ouverte.* Le trop de confiance, est la ruine de plusieurs; *dans les choses de ce monde, ce n'est pas la foi qui sauve, mais le doute.* Le soin que l'on prend soi-même est celui qui fructifie le mieux ; car, *si vous voulez avoir un serviteur fidèle et qui vous plaise, servez-vous vous-même. — Grand malheur naît parfois de petite négligence.— Faute d'un clou, le fer du cheval se perd ; faute d'un fer, on perd le cheval ; faute d'un cheval, le cavalier est perdu,* parce que son ennemi l'atteint et le tue : le tout, faute d'attention au clou d'un fer à cheval.

III.

« C'en est assez, mes amis, sur l'activité et l'attention à nos propres affaires : il faut y ajouter l'économie, si nous voulons assurer le succès de notre travail. Un homme, s'il ne sait pas mettre de côté à mesure qu'il gagne, aura toute la vie le nez sur la meule et mourra sans le sou. — *A cuisine grasse, testament maigre.* Bien des fonds de terre s'en vont à mesure qu'ils viennent, depuis que les femmes oublient pour le thé le rouet et le tricot ; depuis que les hommes laissent pour le punch, la scie ou le rabot. Si vous voulez être riche, apprenez à mettre de côté pour le moins autant qu'à gagner. *L'Amérique n'a pas enrichi l'Espagne*, parce que ses dépenses ont toujours dépassé ses recettes.

« Laissez là toutes vos folies dispendieuses, et vous n'aurez plus tant à vous plaindre de la dureté des temps , de la pesanteur de l'impôt et des charges du menage ; car *les femmes et le vin, le jeu et la mauvaise foi, font petites les richesses et grands les besoins* ; et, comme le dit ailleurs le bonhomme Richard , *un vice coûte plus à nourrir que deux enfants.*

« Vous pensez peut-être qu'un peu de thé, un peu de punch de temps à autre, un plat un peu plus recherché , des habits un peu plus brillants, une partie de plaisir par-ci par-là, ne tirent pas à conséquence ; mais souvenez-vous que *les petits ruisseaux font les grandes rivières.* Défiez-vous des petites depenses. *Il ne faut qu'une petite fente pour couler à fond un grand navire,* dit le bonhomme Richard. — *Les gens friands seront mendiants.* — *Les fous font la noce et les sages la mangent.*

« Vous voilà tous assemblés ici pour acheter des colifichets et des babioles : vous appelez cela des *biens* ; mais si vous n'y prenez garde, cela pourra être des *maux* pour plusieurs d'entre vous. Vous comptez qu'ils seront vendus bon marché, et peut-être seront-ils en effet vendus au-dessous du prix courant ; mais si vous n'en avez que faire, ils seront encore trop chers pour vous Rappelez-vous ce que dit le bonhomme Richard : *Achète ce qui t'est inutile, et tu vendras sous peu ce qui t'est nécessaire.* Il dit encore : *Réfléchis bien avant de profiter du bon marché ;* nous faisant entendre que le *bon marché* n'est peut-être qu'apparent, ou que l'achat, par la gêne qu'il amène, nous fera plus de mal que de bien ; car il dit dans un autre endroit : *Les bons marchés ont ruiné nombre de gens* ; et ailleurs *C'est une folie que d'employer son argent à acheter un repentir.* Et cependant cette folie se renouvelle chaque jour dans les ventes, faute de penser à l'Almanach. Combien, pour la parure de leurs épaules, ont fait jeûner leur ventre et presque réduit leur famille à mourir de faim ! *Soie et satin, écarlate et velours, éteignent le feu de la cuisine,* dit le bonhomme Richard ; loin d'être les *nécessités* de la vie, ils en sont à peine les *commodités*, et pourtant, parce qu'ils brillent à la vue, combien de gens s'en font un besoin ! Par ces extravagances et autres semblables, les gens du bel air sont réduits à la pauvreté et forcés d'emprunter à ceux qu'ils méprisaient auparavant, mais qui se sont maintenus par l'activité et l'économie ; ce qui prouve qu'*un laboureur sur ses pieds est plus grand qu'un gentilhomme à genoux*, comme dit le bonhomme Richard. Peut-être avaient-ils reçu quelque petit héritage sans savoir comment cette fortune avait été acquise ; « *Il est jour,* pensaient-ils, *il ne sera jamais nuit;* que fait une si mesquine dépense sur une telle somme ? » Mais, *à force de puiser à la huche sans y rien mettre, on en trouve le fond,* comme dit le bonhomme Richard ; et c'est alors, *c'est quand le puits est à sec que l'on sait le prix de l'eau.* Mais, direz-vous, c'est ce qu'ils auraient su plus tôt s'ils avaient suivi le conseil du bonhomme Richard : « *Voulez-vous savoir le prix de l'argent, allez et essayez d'en emprunter.* » Qui va à l'emprunt cherche un affront ; et de fait, il en arrive autant à celui qui prête à certaines gens, quand il veut rentrer dans ses fonds.

« Le bonhomme Richard nous avertit et nous dit : *L'orgueil de la parure est une vraie malédiction; avant de consulter votre fantaisie, consultez votre bourse.* Il nous dit aussi : *L'orgueil est un mendiant qui crie aussi haut que le besoin et avec bien plus d'effronterie.* Avez-vous fait emplète d'une jolie chose, il vous en faut acheter dix autres pour que vos acquisitions anciennes et nouvelles ne jurent pas entre elles. Aussi, dit le bonhomme Richard, *il est plus aisé de réprimer le premier désir que de contenter tous ceux qui suivent.* Le pauvre qui singe le riche est véritablement aussi fou que la grenouille qui s'enfle pour égaler le bœuf en grosseur. *Les grands vaisseaux peuvent risquer davantage, mais les petits bateaux ne doivent pas s'écarter du rivage.*

« Au surplus, les folies de cette nature sont assez vite punies; car, comme dit le bonhomme Richard, *L'orgueil qui dîne de vanité soupe de mépris. — L'orgueil déjeune avec l'abondance, dîne avec la pauvreté et soupe avec la honte.*

« Et que revient-il, après tout, de cette envie de paraître pour laquelle on a tant de risques à courir, et tant de peines à subir? Elle ne peut conserver un jour de plus la santé, ni adoucir la souffrance. Elle n'ajoute pas un grain au mérite de la personne; elle éveille la jalousie, elle hâte le malheur.

« Quelle sottise n'est-ce pas de s'endetter pour de telles superfluités! Dans cette vente-ci l'on vous offre *six mois de crédit,* et c'est peut-être là ce qui a engagé quelques-uns de nous à s'y rendre, parce que, n'ayant pas d'argent à débourser, nous espérons nous parer gratuitement. Mais pensez-vous à ce que vous faites en vous endettant? Vous donnez à autrui pouvoir sur votre liberté. Si vous ne payez pas au terme fixé, vous rougirez de voir votre créancier; vous tremblerez en lui parlant; vous inventerez de pitoyables excuses, et, par degrés, vous arriverez à perdre votre franchise, vous tomberez dans les mensonges les plus tortueux et les plus vils; car *mentir n'est que le second vice; le premier est de s'endetter,* dit le bonhomme Richard; — *le mensonge monte en croupe de la dette,* dit-il encore à ce sujet. Un homme né libre ne devrait jamais rougir ni trembler devant tel homme vivant que ce soit; mais souvent la pauvreté efface et courage et vertu. — *Il est difficile à un sac vide de se tenir debout.* Que penseriez-vous d'un gouvernement qui vous défendrait par un édit de vous habiller comme un grand seigneur ou comme une grande dame , sous peine de prison ou de servitude? Ne diriez-vous pas que vous êtes libres; que vous avez le droit de vous habiller comme bon vous semble ; qu'un tel édit est un attentat formel à vos priviléges, qu'un tel gouvernement est tyrannique? — et cependant vous consentez à vous soumettre à une tyrannie semblable, dès l'instant où vous vous endettez *pour briller !* votre créancier est autorisé à vous priver, selon son bon plaisir, de votre liberté, en vous confinant pour la vie dans une prison ou bien en vous vendant comme esclave si vous n'êtes pas en état de le payer. Quand vous avez fait votre marché , peut-être ne songiez-vous guère au paiement ; mais, comme dit le bonhomme Richard , *les créanciers ont meilleure mémoire que les débiteurs. — Les créanciers,* dit-il encore, *forment une secte superstitieuse, observatrice des jours et des temps.* Le jour de l'échéance arrive avant que vous l'ayez vu venir, et l'on monte chez vous avant que vous soyez en mesure ; ou bien si votre dette est présente à votre esprit, le terme qui vous avait d'abord paru si long vous paraîtra bien peu de chose à mesure qu'il s'accourcit ; vous croirez que le temps s'est mis des ailes aux talons comme aux épaules. — *Le carême est bien court pour qui doit payer à Pâques.*

« Peut-être vous croyez-vous à ce moment en position de faire, sans préjudice, quelques petites extravagances ; mais alors épargnez, pendant que vous le pouvez, pour le temps de la vieillesse et du besoin. — *Le soleil du matin ne brille pas tout le jour.* Le gain est passager et incertain ; mais la dépense sera, toute votre vie, continuelle et certaine ; et, *il est plus aisé de bâtir deux cheminées que d'en tenir une chaude,* comme dit le bonhomme Richard ; *ainsi,* ajoute-t-il , *allez plutôt vous coucher sans souper que de vous lever avec une dette. — Gagnez ce que vous pouvez et tenez bien ce que vous gagnez : voilà la pierre qui changera votre plomb en or ;* et quand vous posséderez cette pierre philosophale, soyez sûrs que vous ne vous plaindrez plus de la dureté des temps ni de la difficulté à payer l'impôt.

IV.

« Cette doctrine, mes amis, est celle de la raison et de la sagesse ; n'allez pas cependant vous confier uniquement à l'activité, à l'économie, à la prudence, bien que ce soient d'excellentes choses ; car elles vous seraient tout à fait inutiles sans la bénédiction du ciel. Demandez donc humblement cette bénédiction, et ne soyez pas sans charité pour ceux qui paraissent en avoir besoin présentement, mais *consolez-les et aidez-les.* N'oubliez pas que Job fut bien misérable, et qu'ensuite il redevint heureux.

« Et maintenant, pour terminer : *L'expérience tient une école qui coûte cher ; mais c'est la seule où les insensés puissent s'instruire,* comme dit le bonhomme Richard ; et encore n'y apprennent-ils pas grand'chose. Il a bien raison de dire que *l'on peut donner un bon avis, mais non la conduite.* Toutefois rappelez-vous ceci : *qui ne sait pas être conseillé ne peut être secouru ;* et puis ces mots encore : *si vous n'écoutez pas la raison, elle ne manquera pas de vous donner sur les doigts,* comme dit le bonhomme Richard. »

Le Vieillard finit ainsi sa harangue. On l'avait écouté ; on approuva ce qu'il venait de dire, et l'on fit sur-le-champ le contraire, précisement comme il arrive aux sermons ordinaires ; car la vente s'ouvrit, et chacun enchérit de la manière la plus extravagante. — Je vis que ce brave homme avait soigneusement étudié mes almanachs et digéré tout ce que j'avais dit sur ces matières pendant vingt-cinq ans. Les fréquentes citations qu'il avait faites eussent fatigué tout autre que l'auteur cité ; ma vanité en fut délicieusement affectée, bien que je n'ignorasse pas que, dans toute cette sagesse, il n'y avait pas la dixième partie. qui m'appartînt et que je n'eusse glanée dans le bon sens de tous les siecles et de tous les pays. Quoi qu'il en soit, je résolus de mettre cet écho à profit pour moi-même ; et, bien que d'abord je fusse décidé à m'acheter un habit neuf, je me retirai, déterminé à faire durer le vieux.

Ami lecteur, si tu peux en faire autant, tu y gagneras autant que moi.

Benjamin Franklin.

CONSEILS

POUR FAIRE FORTUNE

PAR FRANKLIN.

***

I.

Avis d'un vieil ouvrier à un jeune ouvrier.

Souvenez-vous que le *temps* est de l'argent. Celui qui, par son travail, peut gagner dix francs par jour, et qui se promène ou reste oisif une moitié de la journée, quoiqu'il ne débourse que quinze sous pendant ce temps de promenade ou de repos, ne doit pas se borner à faire compte de ce déboursé seulement : il a réellement dépensé, disons mieux, il a jeté cinq francs de plus.

Souvenez-vous que le *crédit* est de l'argent. Si un homme me laisse son argent dans les mains après l'échéance de ma dette, il m'en donne l'intérêt, ou tout le produit que je puis en retirer pendant le temps qu'il me le laisse. Le bénéfice monte à une somme considérable pour un homme qui a un crédit étendu et solide, et qui en fait un bon usage.

Souvenez-vous que l'argent est de nature à se multiplie par lui-même. L'argent peut engendrer l'argent ; les petits qu'il a faits en font d'autres plus facilement encore, et ainsi de suite. Cinq francs employés en valent six ; employés encore, ils en valent sept et vingt centimes, et proportionnellement ainsi jusqu'à cent louis. Plus les placements se multiplient, plus ils se grossissent ; et c'est de plus en plus vite que naissent les profits. Celui qui tue une truie pleine, en anéantit toute la descendance, jusqu'à la millième génération. Celui qui engloutit un écu détruit tout ce que cet écu pouvait produire, et jusqu'à des centaines de francs.

Souvenez-vous qu'une somme de cinquante écus par an peut s'amasser en n'épargnant guère plus de huit sous par jour. Moyennant cette faible somme, que l'on prodigue journellement sur son temps ou sur sa dépense, sans s'en apercevoir, un homme, avec du crédit, a, sur sa seule garantie, la possession constante et la jouissance de mille écus à cinq pour cent. Ce capital, mis activement en œuvre par un homme industrieux, produit un grand avantage.

Souvenez-vous du proverbe : *Le bon payeur est le maître de la bourse des autres*. Celui qui est connu pour payer avec ponctualité et exactitude à l'échéance promise, peut, en tout temps, en toute occasion, jouir de tout l'argent dont ses amis peuvent disposer : ressource parfois très-utile. Apres le travail et l'économie, rien ne contribue plus au succès d'un jeune homme dans le monde que la ponctualité et la justice dans toute affaire : c'est pourquoi, lorsque vous avez emprunté de l'argent, ne le gardez jamais une heure au delà du terme où vous avez promis de le rendre, de peur qu'une inexactitude ne vous ferme pour toujours la bourse de votre ami.

Les moindres actions sont à observer en fait de crédit. Le bruit de votre marteau qui, à cinq heures du matin, ou à neuf heures du soir, frappe l'oreille de votre créancier, le rend facile pour six mois de plus ; mais s'il vous voit à un billard, s'il entend votre voix au cabaret, lorsque vous devez être à l'ouvrage, il envoie pour son argent dès le lendemain, et le demande avant de le pouvoir toucher tout à la fois. C'est par ces détails que vous montrez si vos obligations sont présentes à votre pensée; c'est par là que vous acquérez la réputation d'un homme d'ordre, aussi bien que d'un honnête homme, et que vous augmentez encore votre crédit.

Gardez-vous de tomber dans l'erreur de plusieurs de ceux qui ont du crédit, c'est-à-dire de regarder comme à vous tout ce que vous possédez, et de vivre en conséquence. Pour prévenir ce faux calcul, tenez à mesure un compte exact, tant de votre dépense que de votre recette. Si vous prenez d'abord la peine de mentionner jusqu'aux moindres détails, vous en éprouverez de bons effets; vous découvrirez avec quelle étonnante rapidite une addition de menues dépenses monte à une somme considerable, et vous reconnaîtrez combien vous auriez pu économiser par le passé, combien vous pouvez économiser pour l'avenir, sans vous occasionner une grande gêne.

Enfin, le chemin de la fortune sera, si vous le voulez, aussi uni que celui du marché. Tout dépend surtout de deux mots : *travail* et *économie*; c'est-à-dire de ne dissiper ni le *temps*, ni l'*argent*, mais de faire de tous deux le meilleur usage qu'il est possible. Sans travail et sans économie, vous ne ferez rien; avec eux, vous ferez tout. Celui qui gagne tout ce qu'il peut gagner honnêtement, et qui épargne tout ce qu'il gagne, sauf les dépenses necessaires, ne peut manquer de devenir *riche,* si toutefois cet Être qui gouverne le monde, et vers lequel tous doivent lever les cu pour obtenir la bénédiction de leurs honnêtes efforts, n'en a pas, dans la sagesse de sa providence, décidé autrement.

II.

Avis nécessaire à ceux qui veulent être riches.

La possession de l'argent n'est avantageuse que par l'usage qu'on en fait.

Avec six louis par an, vous pouvez avoir l'usage d'un capital de cent louis, pourvu que vous soyez d'une prudence et d'une honnêteté reconnues.

Celui qui fait par jour une dépense inutile de huit sous, dépense inutilement plus de six louis par an, ce qui est le prix que coûte l'usage d'un capital de cent louis.

Celui qui perd chaque jour dans l'oisiveté pour huit sous de son temps, perd l'avantage de se servir d'une somme de cent louis tous les jours de l'année.

Celui qui prodigue, sans fruit, pour cinq francs de son temps, perd cinq francs tout aussi sagement que s'il les jetait dans la mer.

Celui qui perd cinq francs, perd non-seulement ces cinq francs, mais encore tous les profits qu'il en aurait pu retirer en les faisant travailler, ce qui, dans l'espace de temps qui s'écoule entre la jeunesse et l'âge avancé, peut monter à une somme considérable.

III.

Autre avis.

Celui qui vend à crédit, demande de l'objet qu'il vend un prix équivalent au principal et à l'intérêt de son argent, pour le temps pendant lequel il doit en rester privé ; celui qui achète à crédit paie donc un intérêt pour ce qu'il achète ; et celui qui paie en argent comptant pourrait placer cet argent à intérêt ; ainsi, celui qui possede une chose qu'il a achetée, paie un intérêt pour l'usage qu'il en fait.

Toutefois, dans ses achats, il est mieux de payer comptant, parce que celui qui vend à crédit, s'attendant à perdre cinq pour cent en mauvaises créances, augmente d'autant le prix de ce qu'il vend à crédit pour se couvrir de cette différence.

Celui qui achète à crédit paie sa part de cette augmentation. Celui qui paie argent comptant y échappe, ou peut y échapper.

IV.

Moyens d'avoir toujours de l'argent dans sa poche.

Dans ce temps, où l'on se plaint généralement que l'argent est rare, ce sera faire acte de bonté que d'indiquer aux personnes qui sont à court d'argent le moyen de pouvoir mieux garnir leurs poches. Je veux leur enseigner le véritable secret de gagner de l'argent, la méthode infaillible pour remplir les bourses vides, et la manière de les garder toujours pleines. Deux simples regles, bien observées, en feront l'affaire.

Voici la première : Que la probité et le travail soient vos compagnons assidus.

Et la seconde : Dépensez un sou de moins par jour que votre bénéfice net.

Par là, votre poche si plate commencera bientôt à s'enfler, et n'aura plus à crier jamais que son ventre est vide ; vous ne serez pas maltraité par des créanciers, pressé par la misère, rongé par la faim, glacé par la nudité. Le ciel brillera pour vous d'un éclat plus vif, et le plaisir fera battre votre cœur. Hâtez-vous donc d'embrasser ces règles et d'être heureux. Ecartez loin de votre esprit le souffle glacé du chagrin et vivez independant. Alors vous serez un

homme, et vous ne cacherez point votre visage à l'approche
du riche ; vous n'éprouverez point le déplaisir de vous
sentir petit lorsque les fils de la fortune marcheront à votre
droite ; car l'indépendance, avec peu ou beaucoup, est un
sort heureux, et vous place de niveau avec les plus fiers de
ceux que décorent les ordres et les rubans. Oh ! soyez donc
sages ; que le travail marche avec vous dès le matin ; qu'il
vous accompagne jusqu'au moment où le soir vous amènera
l'heure du sommeil. Que la probité soit comme l'âme de
votre âme, et n'oubliez jamais de conserver un sou de reste,
après toutes vos dépenses comptées et payées ; alors vous
aurez atteint le comble du bonheur, et l'indépendance sera
votre cuirasse et votre bouclier, votre casque et votre cou-
ronne ; alors vous marcherez tête levée sans vous courber
devant des habits de soie, parce qu'ils seront portés par un
misérable qui aura des richesses, sans accepter un affront,
parce que la main qui vous l'offrira étincellera de dia-
mants.

Benjamin Franklin.

LE SIFFLET

PAR FRANKLIN.

———————⊛———————

A mon avis, il serait très-possible pour nous de tirer de ce bas monde beaucoup plus de bien, et d'y souffrir moins de mal, si nous voulions seulement prendre garde de *ne donner pas trop pour nos sifflets*. Car il me semble que la plupart des malheureux qu'on trouve dans le monde, sont devenus tels par leur négligence de cette précaution.

Vous demandez ce que je veux dire? Vous aimez les histoires, et vous m'excuserez si je vous en donne une qui me regarde moi-même.

Quand j'étais un enfant de cinq ou six ans, mes amis, un jour de fête, remplirent ma petite poche de sous. J'allai tout de suite à une boutique où on vendait des babioles; mais étant charmé du son d'un sifflet que je rencontrai en chemin dans les mains d'un autre petit garçon, je lui offris et lui donnai volontiers pour cela tout mon argent. Revenu chez moi, sifflant par toute la maison, fort content de mon achat, mais fatiguant les oreilles de toute la famille, mes frères, mes sœurs, mes cousines, apprenant que j'avais tant donné pour ce mauvais bruit, me dirent que c'était dix fois plus que la valeur. Alors ils me firent penser au nombre de bonnes choses que j'aurais pu acheter avec le reste de ma monnaie, si j'avais été plus prudent ; ils me ridiculisèrent tant de ma folie, que j'en pleurai de dépit, et la réflexion me donna plus de chagrin, que le sifflet de plaisir.

Cet accident fut cependant, dans la suite, de quelque utilité pour moi, l'impression restant sur mon âme ; de sorte que, lorsque j'étais tenté d'acheter quelque chose qui ne m'était pas nécessaire, je disais en moi-même : *Ne donnons pas trop pour le sifflet* ; et j'épargnais mon argent.

Devenant grand garçon, entrant dans le monde et observant les actions des hommes, je vis que je rencontrais nombre de gens *qui donnaient trop pour le sifflet.*

Quand j'ai vu quelqu'un qui, ambitieux de la faveur de la cour, consumait son temps en assiduités aux levers, son repos, sa liberté, sa vertu, et peut être même ses vrais amis, pour obtenir quelque petite distinction, j'ai dit en moi-même : Cet homme *donne trop pour son sifflet.*

Quand j'en ai vu un autre, avide de se rendre populaire, et pour cela s'occupant toujours de contestations publiques, négligeant ses affaires particulières, et les ruinant par cette négligence : *Il paie trop*, ai-je dit, *pour son sifflet.*

Si j'ai connu un avare qui renonçait à toute manière de vivre commodément, à tout le plaisir de faire du bien aux autres, à toute l'estime de ses compatriotes, et à tous les charmes de l'amitié, pour avoir un morceau de métal jaune : Pauvre homme, disais-je, *vous donnez trop pour votre sifflet.*

Quand j'ai rencontré un homme de plaisir, sacrifiant tout louable perfectionnement de son âme, et toute amélioration de son état, aux voluptés du sens purement corporel, et détruisant sa santé dans leur poursuite : Homme trompé, ai-je dit, vous vous procurez des peines au lieu des plaisirs ; *vous payez trop pour votre sifflet.*

Si j'en ai vu un autre, entêté de beaux habillements,

belles maisons, beaux meubles, beaux équipages, tous au-
dessus de sa fortune, qu'il ne se procurait qu'en faisant des
dettes, et en allant finir sa carrière dans une prison : Hé-
las! ai-je dit, *il a payé trop pour son sifflet.*

Quand j'ai vu une très-belle fille, d'un naturel bon et
doux, mariée à un homme féroce et brutal, qui la mal-
traite continuellement : C'est grand' pitié, ai-je dit, qu'elle
ait *tant payé pour un sifflet.*

Enfin j'ai conçu que la plus grande partie des malheurs
de l'espèce humaine, viennent des estimations fausses qu'on
fait de la valeur des choses, et de ce qu'*on donne trop
pour les sifflets.*

Néanmoins je sens que je dois avoir de la charité pour
ces gens malheureux, quand je considère qu'avec toute la
sagesse dont je me vante, il y a certaines choses, dans ce
bas monde, si tentantes, que si elles étaient mises à l'enchère, je pourrais être très-facilement porté à me ruiner
par leur achat, et trouver que j'aurais encore une fois
donné trop pour le sifflet.

Benjamin Franklin.

FIN.

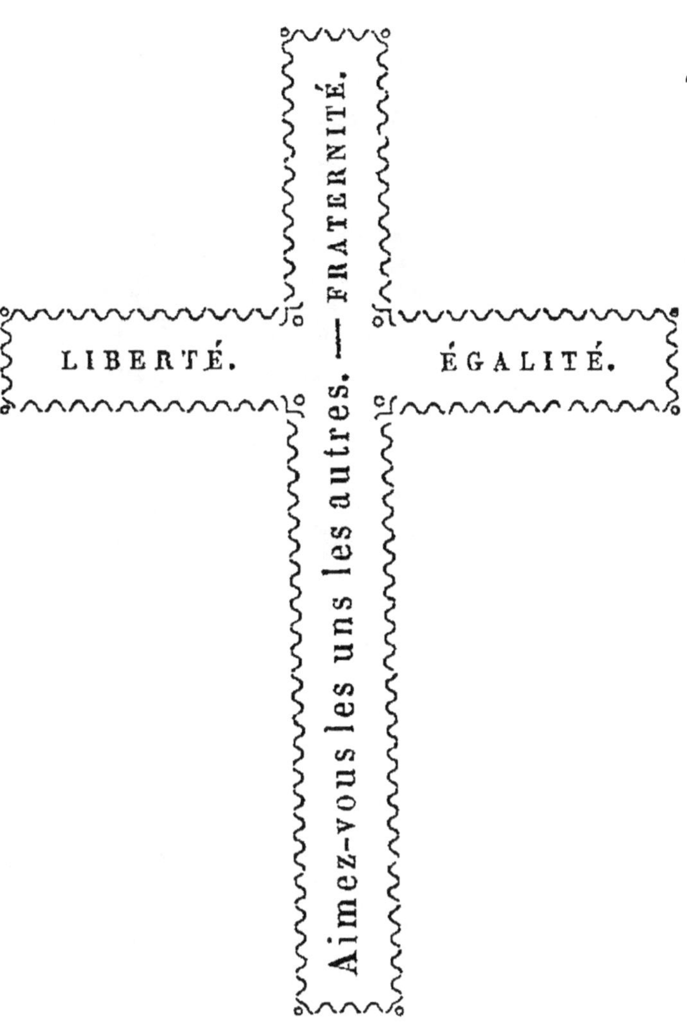

Tous les hommes sont frères;
Toutes les nations sont sœurs.

Paris. — Imprimerie Lacrampe et Comp., rue Damiette, 2.